엄마의 젖무덤

금동건 제4 시집

교음사

여는 글

화려한 가을도 산 넘어간다.

이 가을만큼이나 세상살이도 이렇게 아름다운 삶이 지속 된다면 얼마나 좋을까. 그렇다고 시(詩)를 짓는 것도 만만한 작업은 아니다.

그날의 기분에 따라 글도 연필 끝을 따라 나온다. 나는 생활시(詩)를 쓴다. 세 번째 시집 『시(詩)를 품은 내 가슴』을 읽어본 독자는 이렇게 말을 해준다. 선생님의 시(詩)를 읽으면 마음이 편해지고 머릿속에 쏙쏙 들어와 긴 여운이 오래도록 남는다고 하셨다. 지난봄 김해 장유 도서관에서 강연 중 독자와의 대화에서 나와 같은 연배의 강의를 듣는 분이 백배의 공감을 해주셨고 눈물도 보여 주셨다.

나는 글을 미(美)적으로 꾸밀 줄을 모른다. 내 마음 가

는 대로 눈에 보이는 대로 사물을 표현해 좋은 시(詩)를 창작하려고 한다.

앞으로 많은 관심과 질책 부탁드립니다.

이번 네 번째 시집 『엄마의 젖무덤』은 어머니께서 반신불수로 요양병원에 8년째 계시는데 기력도 쇠퇴해지시고, 명을 확답 받을 수 없어 해 드릴 수 있는 것은 이것뿐이라. 시집 『엄마의 젖무덤』을 발간하여 어머니께 바칩니다. 울 엄니 권오선 님 사랑합니다.

그리고 창작기금에 애써 주신 이민호 선생님, 좋은 책 발간해 주신 교음사 강병욱 대표님께 감사드립니다.

김해 분성산 자락에서

저자 淸岩 금동건

금동건 시집

· 차례

1. 엄마의 병상일기

2. 딸애의 사진첩

3. 꿈속에서 만나요

4. 엄마의 노래

5. 아버지의 땀 냄새

1

엄마의 병상일기

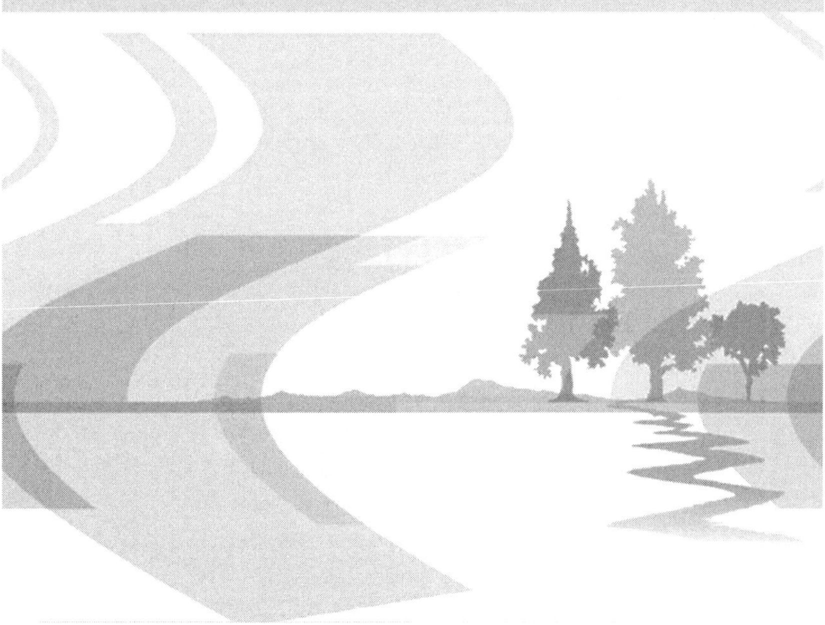

엄니 · 1

엄니 불러도 대답이 없다
엄니는 요양병원에 계신지 오래다
계절이 지나가는 것도 모른 채 그냥
흰 천장만 바라보신다
해마다 이맘때면
구수한 된장찌개를 끓여 주셨는데
이제는 엄니의 손맛은
세월의 수갑에 채워지고
텃밭에는 말라비틀어진
토란대만 찬바람에 울고 있다

2019년 1월 2일

엄니 병문안

천장만 바라보시다
엄마라는 소리에
고개를 돌리시는 당신
아프면 아프다
더우면 덥다
한마디 안하시는 엄니
오늘은 본인의 이름도
생일도 기억하시는 총명한 엄니
한 시간 겨우 말벗이 되어 드리고
돌아 나오는데 손을 들어 빠이빠이
손을 흔들어 준다
불쌍한 우리 어머니여

2019년 6월 30일

어머니

85년을 살다 보니 인생이 익어간다

16세에 시집살이 곱디 고은

새색시는 어디로 사라지고

백발이 쌓인 머리 위에는

곰삭은 젓갈 마냥

인생도 곱게 익어간다

2018년 12월 25일

부모님

가정을 이루고

자식들 시집 장가보내고

뒤돌아보니

부모님은 백발이 되어

자식을 기다리지 않더라

2019년 6월 16일

엄마라는 이름

내가 태어나 가장 먼저 불렀다는 엄마
첫 옹알이에 얼마나 기뻐하셨을까
그 엄마는 지금 반신불수 병원에 계신다
처음 태어나 말을 하던 그때의 나처럼
옛 기억조차 지워버리고
떠다 먹여주는 숟가락에
연명하며 하루를 견디고 계신다

2019년 1월 21일

엄마 만나러 가는 날

주일마다 엄마 만나러 가는 날
마음도 몸도 들뜨고
병원 문틈 새어 나오는 엄마의 냄새
어릴 적 젖가슴 내밀어 주던 그 냄새
잊을 수 없고 사라지지 않는
영원한 나의 향수
요양병원 생활이 지겹기도 하지만
엄마는 눈웃음으로 반겨준다

2019년 1월 13일

울 엄니

가끔은 깜박 신호등이다.

파란불 노란불 빨간불

수명 다한 건전지 모양

아들 얼굴을 만지더니

우리 오빠야 왔네 하신다

2019년 6월 11일

엄마 냄새 · 1

병원 문 열면

좋아하시는 엄마

나는

세상 어떤 향수보다

엄마 냄새가

참 좋아

2019년 6월 14일

엄마의 냄새 · 2

이 세상 태어나

엄마의 젖가슴에 매달려

생명의 끈 부여잡았던

엄마의 냄새

커서는 소맷자락에 묻어 나오는

된장찌개 냄새가 싫었는데

가장되고 남편이고

아버지가 되니 그리운 것은

어릴 적 뇌에 각인된

엄마의 냄새가 그립고 최고더라

2019년 5월 8일

엄마의 사랑

손톱 발톱이
닳아 없어지도록
땅과 함께 살아오신 엄마
고랑마다 이랑마다
깊은 시름 심어 놓고
병치레 없이 곱게 자라나는
아들딸의 웃는 모습에
사는 것이 즐겁다 하시네

2019년 5월 7일

엄마의 훈장

열여섯 꽃다운 나이
한 남자의 아내가 되어
자갈밭 산비탈
죽자 일구었는데
열 손가락 마디마다
굳은살이 박이고 비뚤어져
팔순을 넘기고는
요양병원에 누워
꽃상여 타고 갈 준비를 하신다

2019년 3월 7일

엄니 · 2

초가삼간 윗목

호롱불 흔들림 속에

베틀에 앉아

베 짜는 여인

철커덕 소리마다

엄니의 피와 살이 녹아

한 필 두 필 모이면

가족사랑 논 한 마지기

엄니의 숭고한 정신

여자의 질긴 생명

2019년 3월 4일

엄마 · 1

머리카락보다

더 많은 세월을

어찌 살아왔는가요

집 앞 봉치 밭

옥토로 만들어 농사짓고

칠 남매 젖 물려가며

시아버지 시동생 시누이에

긴 세월

어찌 살아왔는가요

엄마가 위대합니다

2019년 2월 26일

울엄마

자식 사랑이 무엇인지
흔한 생선 한 토막
입에 넣을 기력이 없는 지금
병실에 누워 별을 세는 엄마
무슨 생각이 떠올랐을까
나보고 오빠라 부른다
이런 세상에
아들이 오빠가 되는 일이 있던가
엄마가 웃어주고 반겨주는 오빠
죄가 많은 자식은 화답으로
엄마의 볼에 입을 맞추어 본다

2018년 9월 26일

엄마의 젖무덤

춥고 배고픈 날
당신이 보고 싶네요
아랫목 이불 속 묻어 두었던
밥 한 공기의 따뜻한 정
칭얼거리면 서슴없이 내어 주시던
당신의 젖무덤
굴뚝 속 하얗게 피어나던
된장찌개 맛도
세월이란 세척물에 씻겨
엄마의 젖무덤도
세월 저편으로 묻히려 하네요

2017년 12월 29일

엄마의 목소리

검은 구름이 몰려올 때면
밭에서 들려오는 엄마의 목소리
마당에 널어놓은 무말랭이 거두어라
바지랑대에 매달린 빨래 걷어라
금방이라도 떨어질 소나기의 위협
다섯 살에 들은 엄마의 목소리
육십을 바라본 이 나이에도
검은 구름이 몰려올 때면
귓전을 울리는 엄마의 목소리
결국 엄마는 장대비를 다 맞고
젖가슴을 드러낸 채 달려오셨다

2016년 6월 14일

우리 엄마

긴긴밤 물래 돌려
한 올 두 올 실 뽑아
철커덕 베틀 소리
무명치마 한 벌 속
우리 엄마 인생이 녹아
실보다 질긴 삶
저승 갈 때 입고 갈 옷
손수 짠
안동포 한 벌 지어 놓았네

2016년 1월 5일

엄마의 가을

엄마의 가을은 분주하였지
타닥 콩 타작
고구마 누렁호박도 수확
가마솥이 품어 내는 포말
구수한 고구마 익는 냄새
새참 바구니 이고
메뚜기 따라 구불구불
엄마의 가을은
발바닥에 불이 붙었지

2015년 10월 30일

엄마의 병상 일기·1

오늘이 무슨 요일인가?
병상마다 텅 빈 자리
겨울처럼 싸늘하다
사람이 그런다
내 아들을 털보라 부른다
그래요
털보 아들이 왔네요
병원 밥이 지겨운 것 어떻게 알았는지
자장면을 한 그릇 배달시켜
불편한 어미에게 먹여준다
오랜만에 먹어 보는 귀한 음식
맛을 어떻게 표현해야 할까
자장면을 싫어하는 줄 알았던
털보 아들의 깜짝 선물
오늘 목구멍이 호강한다

2015년 10월 18일

엄마의 병상 일기·2

넷째가 왔다 갔다
이것저것 간식도 사와
옆 침상 할머니께 나누어 주고
이 어미에게도 먹여 준다
어릴 때 심성 고운 아이였지
늘 기대를 저버리지 않은 넷째
질곡의 팔십 년 세월을 살면서
이렇게 추한 꼴을 자식에게
질펵한 세월에는
자식 굶지 않으려 피땀 흘려
제비 새끼처럼 입안 가득
먹이를 넣어 줄 때의 행복
권오선에게도 있었지

2015년 10월 12일

엄마의 일기 · 1

누워서 지낸 지 몇 해가 지났는가?
굳은 몸에 버섯이 나려 하네
창에 매달린 냉기
내 몸에 달라붙어 가자 하네
코끝에 느껴지는 냄새 가을이겠지
더워도 느끼지 못한다
귀뚜라미도 울지 않은 세상
몇 해 누워 있는 동안
계절이 몇 번이나 바뀌었을꼬
내가 가야 하는 그 길
왜 이리도 먼고

2015년 10월 3일

엄마의 일기 · 2

하루가 십 년 같은 세월이다
일어설 수 없기에 대소변도
가릴 수 없단다
내 마음대로 할 수 있는 것은
병원 침대에 누워 눈만 껌벅
옆과 앞을 보아도 누워 있는 환자
요양보호사 언니가 왔다 갔다
살아 있는지 확인뿐
간밤 먼저 가신 서방이 왔다 갔는데
나는 왜 안 데리고 가는지
오늘 밤 당신 나 좀 데리고 가소

2015년 10월 1일

엄마 · 2

엄마라는 두 글자 "엄마"

세상에서

가장 아름답고 위대한 이름

엄마로 인해 태어나고

엄마로 인해 생명 유지하니

엄마라라는 버팀목에

어리광도 부리고

때로는 사고도 치며

마지막에는 꼭 찾는 "엄마"

2015년 7월 26일

엄마의 세월

울 엄마 나 자궁 밖으로 밀어내고
편안한 마음이었을까?
자궁이 찢어질 것 같은 고통
초췌한 모습 눈에 선한데
일곱 번이나 이겨내셨을까?
내 눈에 울 엄마가 들어왔을 때
젊고 고우셨는데
쪽찐머리에 비녀 찌르고
무명 치마저고리의 단아한 엄마
내 나이 반백 년을 넘기고서야
쳐다본 울 엄마의 세월
백골(白骨)이 다 드러난 시체
가슴이 아프고 눈물이 앞을 가리며
울 엄마의 세월이
예수님보다 부처님보다 더
고통으로 살아오셨음을 알 수가 있네

2015년 6월 5일

저자의 모친 권오선 님

2

딸애의 사진첩

내 딸

조상님의 은덕과 엄마 아빠의 진실 된 사랑으로
열매를 맺었지
엄마 배 속에서 열 달이란 긴 여정을 넘어
자궁 밖으로 나왔을 때
표현이 안될 희열을 느끼며 한쪽에 늘어진
엄마의 지친 육신에
사뭇 다른 세상이었지 자식이란 열매를 보았다고
눈물 반 울음 반 이마를 쓰다듬어 볼 때면
아빠를 낳아준 부모님의 마음 조금은 헤아릴 수 있는 반
성의 시간이 되기도 하였지
응애하고 첫울음을 토해내는 내 딸의 기운찬 모습과 사
정없이 갈겨대는 오줌 줄기에 큰 웃음도 주었지
이 세상 그 무엇을 준다 하여도 바꿀 수 없는 내 딸 아
빠의 딸로 태어나서 고맙다, 사랑한다

2014년 7월 26일

딸애의 사진첩

손때 묻은 책꽂이에
빛바랜 앨범이 하얀 분가루를 쓰고
그냥 지나가기에는 가슴이 아려
물걸레를 들어 첫 장을 넘기니
세 살 전의 사진이 나를 바라보고
뽀송뽀송한 어린아이의 얼굴
미소 머금은 자세가
내 마음을 휘어잡으니
해맑게 웃는 딸애의 행복한 유년의 그림
한 장 두 장 머릿속에 넣어 보니
무늬만 아버지였지
정이라고는 눈곱만큼도 준 적 없는
허수아비 아버지였단다

2013년 10월 10일

딸이 그리워

곁에 있을 때는 몰랐는데
집 떠난 지 삼 년째 딸이
사무치도록 그립다
밤하늘 떠오르는 딸의 애상
눈앞을 가리는 땀방울에도
잔상으로 힘을 준다
유년기 살처럼 대해주지 못함과
배움의 길 열어주지 못함에
아빠란 존재가 작아진다
깨물고 또 깨물어도 더 아프고 어린 딸
새벽 출근길 딸의 마음속으로 달려간다

2010년 6월 17일

딸애와 소통

병원 입원 중
답답한 마음에 문자
보내기를 배웠어
처음 딸에게
아빠야 방가워요라고
반가운 딸애의 답 글
우리 아빠 신세대 아빠야 하며
늘어진 어깨에
큰 힘을 실어준다
목소리가 아닌 문자로
누구와 소통할 수 있다는 사실
배워야 살아남는다는 진리
이제 누구와도 문자로
소통하는 나는 바로 신세대 아빠

2009년 6월 5일

딸을 향한 마음

자나깨나 떠오르는

딸애의 얼굴

근심 걱정으로 하루를 마감하니

불볕더위만큼이나

가슴을 파고드는 외로움과

딸애의 미소

대문 박차고 아빠하고

나타날 듯한 피붙이

그리고 가슴이 아리다

곁에 있을 때는 느끼지 못한

그 무엇들이 밤하늘 별만큼이나

딸을 향한 그리움으로 사무친다

2008년 8월 7일

소중한 내 딸

눈에 넣어도 아프지 않으며
가슴에 안고 있어도
소중한 내 딸
어린 티는 어디로 사라지고
어엿한 숙녀로 내 곁을 지켜주니
이보다 더 소중한 딸이 있을까
아빠 마음 알아주고
엄마 마음 이해하는
애늙은이가 되어 버린 지 오래
지난 세월 잊어 달라
격려와 미소로 부모 마음 다독이는
너는 분명히 내 딸이라는 것

2008년 8월 9일

딸을 만나러 가는 날

계절의 교차점에서
시원스레 뚫린 국도 14호선을
시속 80km으로 질주한다
구름 한 점 없는 청명 하늘이다
아름다운 김해 들녘과 산하는
막 씻은 듯 깨끗하며 눈이 부시다
순간 도착한 한림면 병동리 모 우유 회사
달려나오는 딸이 나를 반겨준다
자다 일어나 초췌한 기색은 사라지고
그리움 반 서운함 반으로
서로 거리를 좁혀가며
말은 하지 않아도 눈빛과 마음으로
그리움을 되새기고 있다는 사실

2008년 8월 24일

아버지의 보물

새 보금자리로 간다는 것은
설렘과 아쉬움이 서로
교차하는 시점에
아버지는 상자 하나를 들고 오신다
차곡차곡 풀 매겨 마련해 둔 삼베 수의
엄마가 손수 짜고 만드신 것이다
이거 꼭 입고 가리라는 다짐
당신 혼자 보물처럼 만지작거림에
맨몸으로 왔다가는 삶
삼베 수의 한 벌이라도 걸치고
저세상 가는 것도 행복이 아니냐는
아버지의 소박함에 눈시울이 붉어진다

2008년 12월 5일

쌀 한 가마

보름달이 차오르는 동짓달
주름 가득한 육신으로
일구고 가꾼 하얀 쌀알
여름날의 뙤약볕 아래
김매고 피서리한
백옥 같은 쌀 한 가마
가슴에 안겨 주시며
보름달처럼 웃고 계시는 부모님
따스함이 가슴을 파고든다

2009년 12월 16일

아빠의 미소

농사를 접은 노인네의 낙은
베란다 화분 속 대추나무 가꾸기
꽃핀 자리 알알이 가을이 매달려
애지중지 가꾼 노인네의 정성 오롯이
화분 속 가득 가을이 담겨 있다
아직 풋열매 다가올 추석 조상님 제사상에
홍동백서란 이름으로 올려질 생각에
아빠의 화분 가꾸기는 자식인 나보다 더
좋아하시며 미소가 한 화분 걸려 있다

2011년 8월 31일

아버지의 그늘

마을 어귀 당산나무보다 더 커 보였던 아버지의 그늘
왜 이리도 초라하고 작아 보이는지요
칠 남매 다 품고도 남았던 당신의 그늘 시들어가는
꽃 한 송이보다 더 힘이 없어 보입니다
더우면 그늘이 추우면 아랫목처럼 온기를 주셨던 당신
어제 다르고 오늘 핼쑥한 아버지를 바라보자니
가슴이 미어지고 사지가 절여 옵니다
아버지! 큰소리쳐 주세요
유년기처럼 싸리나무 회초리로 종아리 내쳐 주십시오
핏기 한 방울 남지 않은 아버지
왜 당신이 이런 시련을 겪어야 하는지요
천수 백수 자식 곁에 함께 하기를 염원합니다
아버지의 늠름한 모습 다시 보고 싶습니다
더 바라지 않겠습니다
지금 이 모습으로 아버지의 씨앗
일곱 개의 알 품어 주시고 버팀목이 되어 주십시오

아버지 췌장암 판정받고
2012년 2월 8일

아직도 당신을 잘 모릅니다

당신이란 사람은 도대체
어떤 사람입니까
어떤 날에는 설탕보다 달콤하고
어떤 날에는 양날의 칼날보다
더 무섭게 몰아세우니
웃을 수도 울 수도 없으니
당신은 어떤 사람입니까
아직도 당신을 잘 모릅니다

2019년 7월 18일

매미 울음소리

음식 쓰레기와 바쁜 하루에
앞만 보고 달리다
무심코 선 가로수 위에
시원스레 들려오는 매미의 목청
잠시 멈추고 들어본다
시간이 지나고 계절이 여기까지
달려왔다는데 나는 늘 그 자리였다
음식물 쓰레기는 매일 매일
향수가 되어 나를 반겨주는데
나는 무관심으로 일관하다
매미에게 피멍이 들도록 맞았다

2019년 7월 16일

글

글이 세상을 열어준다
혼자만의 시(詩) 공간을 초월
비 떨어지는 소리는 음악이 되고
연필 굴러가는 소리는 음을 만들고
머리에 들어 있는 시(詩) 토막을
오선지 위에 마음껏 토해낸다

2019년 7월 15일

달팽이

빗소리에 산책 나왔다
흐르는 물줄기에
갈 길을 잃어버렸다
아무리 둘러보아도
흙탕물뿐인데
숲은 저 멀리 보이지만
내 갈 길은 너무나 험하다

2019년 6월 26일

무궁화

나라가 존재하니

내가 있고

나라가 건재하니

우리의 꽃

무궁화도 빛이 나더라

2019년 6월 27일

가는 세월

그냥 눈 감고 있었는데

저 멀리 가버리더라

한마디 할까

망설이다

들어보지도 않고 가버리더라

돌아서기가 차서 웃고 서 있었다

2019년 7월 11일

머리 위에 백발이

무작스럽게 60년을 달려오다
걸음을 멈추고 머리 위를 쳐다보니
주인처럼 앉아 있는 백발
곱디고운 청춘은 어디로 가고
백발이 거미줄처럼 칭칭 감고
마치 먹이를 사냥하는 것 같다

2019년 7월 12일

능소화 연정

한양 가신 도련님 언제 오실까
기다림에 꽂대 세우고
하늘로 올라가는 사랑
기다림에 지쳐
눈물만 뚜 뚝 떨어지더라

2019년 6월 22

그 사람은

그 사람은 나를 기쁘게 하고 슬프게도 한다
때로는 누이처럼 애인처럼 앙가슴 내어 주며
따뜻한 체온 전해주는 둘도 없는 나의 사람
그 사람은 가끔 가슴 찢어지는
칼날 같은 말을 토해낸다
그러다 쥐 뿔에 지쳐
게거품을 토해내기도 한다
그러다 제자리인 내 가슴에 안긴다

2018년 11월 28일

가을의 끝자락

새초롬하게 토라진 날씨

금방이라도 무엇이든 던질 것 같다

비를 뿌려 줄까

세찬 바람을 보내줄까

지금껏 참아 왔는데

무슨 짓인들 못하리

마지막 남은 잎 새는 안절부절

가을의 끝자락을 부여잡고

내 눈치만 살핀다

2018년 11월 22일

3

꿈 속에서 만나요

꿈속에서 만나요

무더위에 지친 육신
음식 쓰레기와 정답게 놀다
집으로 들어오면
나도 모르는 사이
회오리처럼 꿈속으로 빨려간다
꿈속에서 만나요
오늘 음식 국물을 진하게 뿌려준
수박 아가씨 냠냠
내일은 그러지 마세요

2019년 7월 18일

고구마

찬바람이 볼기짝을 스쳐간 근무시간
음식 물통에서 발견한 고구마 한 소쿠리
버림받아 음식물 통에서 기진맥진
아깝고 안타까움에 건져 모아
목욕시켜 가마솥에 삶으니
꿀보다 더 단맛을 더 토해내고 있다

2018년 12월 18일

일상

하루를 마감하는 시간
달이 중천에 떠올라
늦잠을 자다 일어나
정신없이 나왔다고
대문 밖 정자나무에 걸터앉아
해님은 언제 올 것인지
어디로 가야 만날 수 있는지

2018년 12월 21일

도화지 위에

이른 아침 눈을 뜨자마자
인생이란 도화지 위에
그림을 그린다
무엇을 할 것인가
누구를 만날 것인가
남은 여백을 채우며
하루살이 인생을 설계한다

2018년 12월 26일

애마

지난여름 머리가 아프다고
구토를 하고 열을 토해낸다
그때 눈치를 채어야 하는데
어지럼증을 호소하고 일어나지 못한다
얼레고 달래서 자동차 병원에 입원시키고
다음날 완치가 다 되었다고
헤드 개스킷이 나갔단다
수리비가 칠십 만원이 나왔다고
좀더 일찍 치료해줄 것을

2018년 12월 24일

들꽃

관심조차 없었던 너

이제는 알았다네

그냥 보아도

참 이쁘더라

미처 너를 발견하지 못함에

미안할 따름이다

2019년 6월 24일

장맛비 속에서

장맛비를 맞고 음식 쓰레기 친구를 맞이하는데
아저씨 수고하십니다라고
한마디 건네주고 사라지는 행인
멋지세요 TV에서 보았습니다
장대비에 온몸이 부들부들 떨고 있는데
이 소리를 듣는 순간
가슴에서 뜨거운 열이 올라
배터리 완전 충전으로
다음 쓰레기 친구를 만나러 이동한다

2019년 6월 29일

여름 친구의 삶

뜨거운 햇살이 한 줌마다
싱그러움이 짙어가는 들녘
슬그머니 내 어깨 위에
울고 있는 매미의 노래
붉디붉은 석류 아가씨
자신도 모르는 사이
고쟁이 사이로 생리를 한다

2019년 7월 2일

12월의 끝 달에

이른 새벽에

찬바람이 잠을 깨운다

매 맞은 것처럼

삭신이 움츠려지고

뼛속에 바람이 들었는지

한 해 두 해

늙어가는 몸뚱어리

얼마나 더 버티어 줄까

2018년 12월 18일

겨울비

소곤소곤 내리는 비
임 마중
나오라는지
손짓 발짓
나를 부른다
고이 접어둔
핑크빛 우산
활짝 펴고
임 마중
나가보렵니다

2018년 12월 11일

오늘도

누가 부르지 않았는데
습관처럼 일어나
아내가 맛나게 만들어 준
밥상에 배를 채우고
누가 오라고 하지 않았는데
대문 밖으로 나가 친구도 만나고
술도 한잔 걸치고
달이 빙그레 웃을 때
이불 속에 들어와 잠을 청한다

2018년 12월 30일

인생이란 무엇인가

인생은 기쁘게 왔다가

인연 기쁨 슬픔

이름 석 자만 남기고

바람처럼 떠나더라

2018년 12월 28일

수고하세요

그 길을 걷는다
나만 보면 피해 가는 사람들
남루한 내 모습
지나가면 냄새를 풍기는
음식 쓰레기를 수거하는 미화원
더럽고 냄새난다고 피하는데
앙증맞게 다가오는 꼬마 숙녀
내 마음에 화살을 꽂고 간다
아저씨 수고하세요
아름다운 화살을

2018년 12월 20일

냄새

계절마다 느낌이 있듯이
매일 만나는
나의 직업 냄새도 다르다
여름에 만나는 냄새는
세상에 둘도 없는 향기
동절기에 만나는 냄새는
심심한 간이 덜된
된장찌개 냄새란다

2019년 1월 4일

흘러간 세월 속에

검은 밤에 눈을 감고 뒤돌아보니
하루가 일 년 같았고
일 년이 십 년같이
금방 사라지는 세월 속에
돌이킬 수 없는
희로애락이 왈칵
눈앞에 떨어진다

2019년 1월 11일

목욕탕 풍경

뿌연 안개가 앞을 가리는 그 속에
사물이 분간이 안되는 상황
잠시 후 나타나는 그림은
너도나도 발가벗은 원시인이다
쭈그리고 앉아 문지르고
하얀 거품을 뒤집어쓰고 난리통이며
걸어 나오는 원시인 앞에는
열매가 달랑달랑 춤을 춘다

2019년 1월 7일

난 아니야

난 꽃이 아니야

나에게 이러지 마

잘못 건드린 벌집

난 꽃이 아니야

2019년 6월 17일

다이어트

맛 나는 것은

다 먹어 버리고

다이어트한다는 굳은 맹세

내일부터 해야지

하지만 빠지려는 뱃살은

미동도 하지 않는다

2019년 6월 18일

허리 통증

육십 년째 잔고장 없이
나를 버티게 해 준 허리
이제는 힘이 드는지
서 있기를 거부한다
매주 2회 강제로
허리를 세우려고
통증 주사를 맞는다

2019년 6월 19일

소록도

푸른 바다에 둘러싸인 몸채
고향 뭍을 바라보는 사슴 한 마리
그곳에는 천사가 살고 있다
순수함과 사랑으로 때묻지 않은 천사
낮이면 해와의 사랑
밤이면 달님 잔별과 사랑
오늘 밤은 소록도 천사들과
데이트하는 날

2019년 6월 20일

첫눈

차창을 가로질러 내는 눈
아이보다 더 마음이 들뜬다
강아지처럼 달리고 싶고
눈사람도 만들고 싶고
하고 싶은 게 너무 많은데
마음은 십 대
육신은 육십 대
삶의 무게 앞에
첫눈은 아무런 의미가 없다

2019년 1월 31일

종이배

봄이 오면 진달래 연분홍 사랑 담고
동계천에 띄울래요
흘러내려 가다
아랫마을 첫사랑 그녀에게
나의 소식 전해주겠지요
동계천의 오작교 사랑

2019년 1월 24일

4

엄마의 노래

산다는 것

산다는 것은

총칼 없는 무언의 전쟁

눈뜨면 삶의 전쟁터로

지금껏 살아 보니

산다는 것에는

정답이 없다는 것

2019년 6월 8일

매일 보고 싶은 사람

매일 보고 싶은 사람

울 엄니

또 한 사람

어매

그리고

내 딸

금 빛나라

2019년 10월 6일

만추

지금이 딱이다
사과 엉덩이가 발그스레 홍등을 밝히고
석류는 더 진한 하혈을 하며
찢어진 고쟁이 사이로 알알이 박힌
수정 빛 구슬 올망졸망 키재기를 한다
국화는 지각생 벌 나비 유혹하고
고추잠자리는 더 높은
그네뛰기로 만추를 즐긴다

2019년 11월 6일

가을이 익다

가을이 밤을 지새우고

나뭇잎은 단풍으로 보답을 한다

홀로 삭히는 감나무 까치밥

건드리면 터질 지경

늙은 호박이 빙그레 웃으며

햇살을 즐긴다

2019년 11월 5일

배고프다

꼬르륵꼬르륵

천둥 번개 전쟁터다

어젯밤 배식받은 밥 한 공기

대장에게 양보하고

위에서는 밥 달라

꼬르륵꼬르륵

엄포로 보챈다

위내시경 검사를 받고 나서
2019 년 11월 3일

동계천 단풍

유년 시절 친구였던 동계천
이름 모를 잡초
핏빛보다 더 붉디붉은 하혈을 한다
강변에 우뚝 서 있는 기계 바위
예나 지금이나 요지부동
고향 찾은 꼬마 소년 반겨주고
앞산 떡갈잎 뒷산 머루잎
동계천 가득 홍조 빛으로 물들이다

2019년 10월 27일

가을 이별

겨울 초입이 가을의 꼬리를 물고 있다
붉은 노을이지는 것보다
홍조 빛 세상이 못내 아쉬움만 남긴 채
도마뱀 꼬리 자르듯 그렇게
겨울은 가을을 삼킨다

2019년 11월 2일

평생의 죄

유년 시절

잘되라 꾸짖던 부모님

그것도 모자라

도시로 유학까지 보내주셨는데

가정 이루어서는 처자식 삼매경

먹고살 만하여 뒤돌아보니

부모님은 저만치 계시니

천하의 못된 놈으로

평생 죄인의 굴레를 쓰고 산다

2019년 10월 29일

하루살이 인생

눈 뜨자마자 삶의 현장에서
치열한 하루의 시작이다
하루도 일하지 않으면
무리에서 도태되는 하루살이
죽지 않으려 몸부림치며
음식쓰레기와 깊은 사랑에 빠지리

2019년 10월 29일

담쟁이

너는 하늘만 사랑하느냐
땅에도 사랑할
상대가 너무 많단다
하늘 향한 너의 일편단심
네게도 열어 주려무나

2019년 10월 27일

링링

무섭게 휘몰아치는 바람

엎드려 마냥 기다렸다

링 링이 지나간 자리는

엉망진창 개판 오 분 전이다

이 동네 저 동네

긴 한숨 소리만 들린다

2019년 9월 17일

병원에서

육신은 작은 멍에도 이겨내지 못한다
금방 표를 내고 병원에 가자고 조른다
물집이 생기고 부어오르는 피부는
알레르기라는 이름표를 붙인다
힘으로 깡으로 버텨온 젊었을 때는
약발도 잘 듣더니만 반백 년 살아 온
이제는 작은 반점도 이기지 못한다

2019년 7월 21일

고목

열여섯 꽃다운 나이에
그늘이 되어 주고
비바람 막아주던 울 엄마
칠 남매 출산으로
젖가슴은 마르고
옹골차게 견뎌온 울 엄마
지금은 작은 바람에도 쓰러진다

2019년 8월 22일

자두

새빨간 너의 모습

소싯적 그녀 같아

깨물어 주고 싶은 마음

꿀떡 같은데

살며시 미소짓는 너의 모습

눈으로 가슴으로

고이 간직하고 싶어

2019년 7월 24일

아버지와 어머니

산비탈 작은 밭떼기
고랑 만들어 고추 심어
온몸으로 함박웃음
자식 커가는 재미에
피곤함도 잊은 채
한 해 농사 얻은 소득으로
논 한 마지기 장만하시니
웃음이 귀에 걸리셨다

2019년 9월 5일

아침이면

햇살이 밝아오면
바람도 따라서 오고
바람이 따라오면
하얀 구름도 따라와
출근길을 함께한다

2019년 9월 8일

오늘 하루도

출근길에 꽃을 만나면 반갑게 맞아주고
사람을 만나면 즐겁게 인사를 하고
휴지 한 잎 도로에 나뒹굴면
주워서 처리하는 양심 자로
그리고 감사하는 하루가 되어라

2019년 9월 6일

울 아버지

잊고 살았는데
돌아가신 아버지가 그립다
버팀목이 되어 주시고
힘과 용기를 주신 울 아버지
살아생전
생선 한 마리 쇠고기 한 근
대접하지 못 하였을까
가을 초입이면
울 아버지가 그립다

2019년 8월 18일

엄마의 노래

태어나는 것은 순서대로 태어나면 되는데
죽는 것은 왜 이리도 힘이 드는지
병원 천장을 하늘 삼고
침상을 방바닥 삼은 지 몇 년째
좋아지는 건 아무것도 없는데
삶의 끈은 왜 이리도 질기고 힘이 드는지
밤새 안녕 아침에는 꽃상여 타고
영감 곁으로 가고 싶다

2019년 8월 2일

무화과

누가 나보고 그런다

너는 꽃이 없다고

누가 나보고 그런다

너는 꽃을 피우지 못한다고

깊숙하고 은밀한 곳에

새빨간 속살 피웠는데

남의 속도 모르면서

2019년 8월

5

아버지의 땀 냄새

홍시 · 1

가을밤 하늘에 달이 달렸다
다소곳 미소 짓는 선홍빛 사랑
딸까 말까 망설이다 사내의 조바심
뒤돌아 가려는데
울 엄마가 생각나
선홍빛 밤 달을 따다
엄마 머리맡에 살며시 두고 나왔다

2019년 10월 18일

홍시 · 2

푸른 하늘 은하수 감나무에 달이 걸렸다
안구 가득 들어오는 달빛 그림자
금빛 은빛 주저리마다
불타오르는 홍시 사랑
언제쯤 떨어질까 안절부절

2019년 10월 28일

가을밤 빗방울

촉촉이 내려오는 이슬비를 맞으며
칠흑의 밤을 음식 쓰레기 차량에 몸을 싣고
사랑스러운 동거를 한다
차창으로 흘러내리는 빗방울은
함께하자 손들어 시선을 끌고
나도 미안함에 살며시 문을 열어
옆 좌석을 내어 주었다

2019년 10월 20일

옷깃을 여미는 날씨

따뜻함이 그립다
단풍잎은 밤하늘에 반짝이고
수다 떨던 귀뚜라미는 어디 가고
저 하늘 달빛 미소가
막걸리로 보이는 착시현상
스산하게 울어대는 억새꽃이
울렁이는 내 마음 달래주며
음식 쓰레기의 고귀한 냄새에 이끌려
이곳 저 골목 다니는 행복함이
나의 올곧은 삶을 대변해 준다

2019년 10월 18일

울음과 웃음

울음이 많은 것은 삶이 힘들다는 뜻이고
웃음이 많다는 것은 삶이 즐겁다는 뜻이니라

2019년 10월 17일

국화밭에서

환한 미소 짓는 국화밭에서

꽃송이를 보고 있노라니

벌 나비는 어디로 갔는지

진하게 풍겨 나오는 국화 향기는

내 미움도 훔쳐 가려는지

꽃대를 쫑긋 세우고 바라본다

2019년 10월 16일

시월은

마중 나온 바람이
속살을 드러내고
한 알 두 알 수확하는 손길
고추잠자리는
이곳저곳을 선점한다

2019년 10월 12일

시(詩)가 뭐고

시(詩)란 무엇인가

그러니까

시(詩)란 말이다

각자가 생각하기 나름

2019년 10월 10일

일상

이불 속에서 벗어나

하루를 버티고

그리고

한 주를 버팀으로

내일이란

희망도 기대한다

2019년 10월 9일

들꽃

가을바람에 피어나는
들꽃의 아름다움
이름 없는 귀한 발걸음
꽃대마다 고은 사연
향기로 가득 채우니
나도 몰랐던
들꽃과 마주하는 꽃 공부

2019년 10월 8일

모정(母情)

일곱 마리의 강아지

(동준 동주 동석 동건 동희 병숙 춘희)

다 젖 빨리고 뒤돌아보니 젖무덤은 가죽만 남고

온기마저 식어가는데도

마지막 눈빛마저 주고 가려 애쓰신다

2019년 9월 18일

나보고 가라고 한다

아직 더 있고 싶은데
자꾸만 가라고 재촉한다
하나둘 한 잎 두잎
퇴색되어 떨어지는 낙엽
나보고 가라고 한다

2019년 10월 3일

아버지의 땀 냄새

찬밥을 드셔도 구슬땀을 흘리시고
논밭 김매고 돌아오시면
땀으로 목욕을 하신 아버지
옆에 다가서면 시큼한 땀 냄새가
그렇게 싫었는데
유전자를 물려받은 나도
식은 밥을 먹어도 비지땀을 흘리며
신 냄새가 코를 찌르는 지금
하늘나라에 가신
아버지의 땀 냄새가 참 그립다

2019년 9월 28일

열대야

얼음물을 동이째 들어부어도
내려가지 않는 녀석
에구머니나
긴긴 여름밤 불청객

2019년 9월 20일

사랑

여인의 옷고름을 풀어 헤치니
심장은 콩닥콩닥
내 뜨거운 사랑을
그녀의 입으로 전하고
육신은 사시나무 떨 듯
식은땀을 토해낸다

2019년 4월 30일

자연은

자연은 더우면

옷을 더 두껍게 입고

추우면

벗고 또 벗고

실오라기 한 올

걸치지 않고

다 벗어 버린다

2019년 9월 5일

아내의 두 얼굴

명절날 시집에 가서는 없는 애교 다 떨어가며
시집 식구들의 비위를 맞추더니
명절이 끝이 나고 출근하는 아침 늦잠 자는 사이
궁둥이를 발로 차며 돈 벌러 안 가느냐며
숨겨둔 발톱을 드러낸다

2019년 9월 16일

우체통

명절이면 배 터지도록 밥을 주더니만

간편한 세상 만났다고 배만 곯고 서 있다

2019년 9월 17일

한 잔의 술

짜릿한 유혹의 맛 과하게 마셔 휘청거리다

인사불성 마누라도 못 알아보는 마법 같은 술

2019년 9월 19일

고향집 앞 실개천

사시사철 흐르는 실개천
돌만 들쳐도 엉금엉금
가재의 뒷걸음질
물따라 거슬러 올라오는
버들치의 살가운 기지개
겨울이면 썰매장이 되어주는
고향집 앞 실개천
엄마 품처럼 넉넉하다

2019년 9월 25일

무념

어깨에 짊어진 짐과

머릿속 가득 채운

모든 생각을 지우고

나를 돌이켜보고 싶다

2019년 9월 27일

인생이란

인생의 끝은 누구에게나 있다
태어나 움직이는 생명은
끝을 향해 달려간다
가진 자 못 가진 자
권력자 노동자
끝은 있다는 사실
우리는 잠시 잊어버리고 살뿐

2019년 9월 11일

당신과 나

사랑으로 만나

자식 거느리고

어느새

나는 을

당신은 갑

갑과 을의

확연한 차이

2019년 9월 10일

맺는 말

세번 째 시집 『시를 품은 내가슴』을 출간하면서 세상에 많은 관심을 받았다 방송출연 신문기사 도서관 강연등 많은 일이 있었다 이제는 더 성숙된 모습으로 글을 써야 되겠다는 책임과 의무를 가지게 된다.

그래서 아직도 시가 무엇인가 정확한 답은 내리지 못하고 있다

그러나 한 가지 자신 있게 말씀드릴 수 있는 말은 시는 나의 삶이며 반성을 할 수 있는 반성문이라 감히 말씀드립니다.

이제 4번째 시집 『엄마의 젖무덤』을 발간합니다.

이 무슨 시집 제목이 이러냐 반문하시는 분이 계시겠지만 저는 이렇게 제목을 붙입니다. 세상에 한 분뿐인 어머니께서 우리와 함께 할 시간이 얼마 남지 않았습니다. 그래서 이 시집을 엄마의 가슴에 안겨드리기 위하여 살아생전 바치고 싶습니다. 누구나 부모님은 위대하시고 성자 같으신 분입니다.

칠순에 겨우 한글을 깨치신 어머니께 시집 제목 『엄마의 젖무덤』이라는 큰 글자만이라도 보여드리고 읽어드리며 엄마와 함께하고 싶습니다.

엄마 사랑합니다.

넷째 아들 드림

금동건 시집

엄마의 젖무덤

2020년 1월 20일 초판 인쇄
2020년 1월 25일 초판 발행

지은이 / 금동건

발행인 / 강병욱
발행처 / 도서출판 교음사

03147 서울 종로구 삼일대로 457 수운회관 1308호
Tel (02) 737-7081, 739-7879(Fax)
e-mail / gyoeum@daum.net
등록 / 제 2007-00052호

* 잘못된 책은 바꾸어 드립니다. 값 10,000 원

ISBN 978-89-7814-769-9 03810

이 도서의 국립중앙도서관 출판예정도서목록(CIP)은 서지정보유통지원시스템 홈페이지(http://seoji.nl.go.kr)와 국가자료공동목록시스템(http://www.nl.go.kr/kolisnet)에서 이용하실 수 있습니다. (CIP제어번호 : CIP2020002225)